낭독하는 명작동화

Level 1

The Golden Goose

✦ 황금 거위 ✦

새벽달(남수진) • 이현석 지음

Key Vocabulary

명작동화를 읽기 전에 스토리의 **핵심 단어**를
확인해 보세요. 내가 알고 있는 단어라면 체크
표시하고, 모르는 단어는 이야기를 읽은 후에 체크
표시해 보세요.

Story

Level 1의 영어 텍스트 수준은 책의 난이도를
측정하는 레벨 지수인 **AR(Accelerated
Reader) 지수 0.9~1.5 사이**로 **미국 초등
학생 1학년 수준**으로 맞추고, 분량을 **500단어
내외**로 구성했습니다.

쉬운 단어와 간결한 문장으로 구성된 스토리를
그림과 함께 읽어 보세요. 페이지마다 내용 이해를
돕는 그림이 있어 상상력을 풍부하게 해 주며,
이야기를 더욱 재미있게 읽을 수 있습니다.

Reading Training

이현석 선생님의 **강세와 청킹 가이드**에 맞춰
명작동화를 낭독해 보세요.

한국어 번역으로 내용을 확인하고 **우리말 낭독**을
하는 것도 좋습니다.

This Book

Storytelling

명작동화의 내용을 떠올릴 수 있는 **8개의 그림**이 준비되어 있습니다. 각 그림당 제시된 **3개의 단어**를 활용하여 이야기를 만들고 말해 보세요. 상상력과 창의력을 기르는 데 큰 도움이 될 것입니다.

Summary

명작동화의 **줄거리 요약문**이 제시되어 있습니다. 빈칸에 들어갈 단어를 채워 보며 이야기의 내용을 다시 정리해 보세요.

Discussion

명작동화의 내용을 실생활에 응용하거나 비판적으로 생각해 볼 수 있는 **토론 질문**으로 구성했습니다. 영어 또는 우리말로 토론하며 책의 내용을 재구성해 보세요.

픽처 텔링 카드

특별부록으로 **16장의 이야기 그림 카드**가 맨 뒷장에 있어 한 장씩 뜯어서 활용이 가능합니다. 순서에 맞게 그림을 배열하고 이야기 말하기를 해 보세요.

QR코드 영상을 통해 새벽달님과 이현석 선생님이 이 책을 활용하는 가장 좋은 방법을 직접 설명해 드립니다!

Contents

The Golden Goose

황금 거위

Key Vocabulary

- [ ] **laugh at**   ~을 비웃다
- [ ] **silly**   멍청한
- [ ] **chop**   (도끼 등으로) 쳐서 베다, 자르다
- [ ] **goose**   거위
- [ ] **feather**   깃털
- [ ] **daughter**   딸
- [ ] **curious**   호기심이 드는
- [ ] **stick(-stuck)**   달라붙다
- [ ] **touch**   (손 등을) 대다, 만지다
- [ ] **scold**   야단치다
- [ ] **servant**   시종, 하인
- [ ] **celebrate**   축하하다

Once, there was a young man.
His name was Dummling.
He was very kind.
But people laughed at him.
They thought he was silly.

One day, Dummling woke up.

"Mother, I will go to the forest," he said.

"Here, take this bread," his mother said.

Dummling took the bread.

He went to the forest.

He met a man.

The man looked hungry.

"Young man, please give me some food," he said.

Dummling shared his food.

The man was happy.

"Thank you," the man said.

"I will give you a gift."

The man told Dummling, "Chop that tree."
Dummling chopped the tree.
He found something inside.

There was a goose!
The goose was special and beautiful.
It had golden feathers.
Dummling was surprised.

"Wow," he said. "It is a magic goose!"
The man said, "It is for you."
Dummling took the goose.

It was dark.
Dummling was tired.
So he walked to a town.
There was a house.
Dummling knocked on the door.

A woman came to the door.

"Hello, may I sleep here tonight?" Dummling asked.

"Sure, you may," the woman said.

The woman had three daughters.

They saw the golden goose.

The youngest was curious.

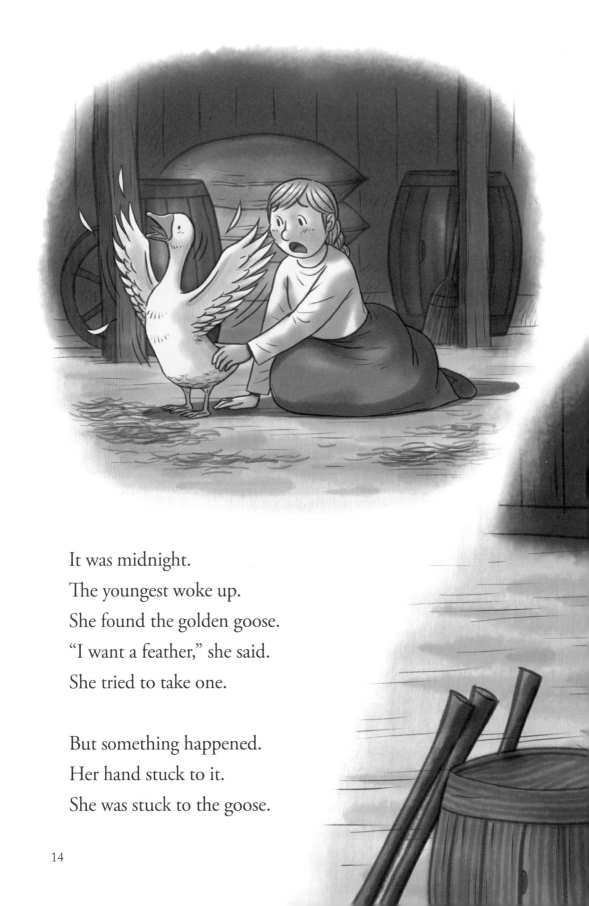

It was midnight.
The youngest woke up.
She found the golden goose.
"I want a feather," she said.
She tried to take one.

But something happened.
Her hand stuck to it.
She was stuck to the goose.

In the morning, her sister came.
She laughed and touched her.
Then she was stuck too!
Now two were stuck.

The eldest came next.

She was angry.

So she scolded her sisters.

She tried to pull them.

But she got stuck too.

The sisters were all stuck together!

People saw the sisters and laughed.

Dummling wanted to help.

But the sisters were stuck too hard.

So Dummling walked around the town for help.

The goose and the sisters followed him.

The goose and the sisters looked funny.

The people in town laughed.

A man touched the eldest sister.

And he was stuck too!

A woman touched the man.

Then she was stuck too!

Soon, many people were stuck.

Dummling reached a big city.

There was a princess.

She was very sad.

So, she never laughed.

The king was worried.

He wanted her to be happy.

Dummling walked into the city.
He had a long parade.
The sad princess saw them.
She saw the goose and the people.

Then something happened.
The princess started to laugh.
She laughed a lot.
She could not stop laughing.

The king saw his daughter.

He was surprised.

"Who made my daughter laugh?" he asked.

He was smiling.

"Your Majesty, look down there," one servant said.

"He made my daughter laugh.

He can marry my daughter," the king said.

The princess liked Dummling.

Dummling married the princess.

They loved each other.

They were very happy together.

They had a big wedding.

It was a happy day.

Everyone celebrated.

Dummling became a prince.

He was a kind prince.

People did not laugh at him anymore.

The goose stayed with Dummling.

No one touched the goose.

◆ The Golden Goose

Once, **/** there was a **young man**.

His **na**me **/** was **Dum**mling.

He was **very kind**.

But **peo**ple **/ laugh**ed at him.

They **thought** he was **sill**y.

One day, **/ Dum**mling woke **up**.

"**Mo**ther, **/** I will **go** to the **fo**rest," **/** he said.

"**Here**, **/ take** this **bread**," **/** his **mo**ther said.

Dummling **/ took** the **bread**.

He **went** to the **fo**rest.

He **met** a **man**.

The **man /** looked **hun**gry.

"**Young** man, **/ plea**se **give** me some **food**," **/** he said.

Dummling **/ sha**red his **food**.

The **man** was **hap**py.

"**Thank** you," **/** the man said.

"I will **gi**ve you **/** a **gift**."

The **man** told **Dum**mling, **/** "**Chop** that **tree**."

Dummling **/ chop**ped the **tree**.

He **found** something **/** in**side**.

◆ 황금 거위

옛날에, 한 젊은이가 있었습니다.
그의 이름은 덤링이었습니다.
덤링은 매우 친절했어요.
하지만 사람들은 그를 비웃었습니다.
사람들은 덤링이 멍청하다고 생각했어요.

어느 날, 덤링은 잠에서 깨어났습니다.
"어머니, 저 숲으로 갈게요." 덤링이 말했어요.
"여기, 이 빵을 가져가렴." 그의 어머니가 말했습니다.
덤링은 빵을 챙겼습니다.
그는 숲으로 갔습니다.
그는 한 남자를 만났어요.
그 남자는 배가 고파 보였습니다.

"젊은이, 부디 나에게 음식을 좀 주게." 남자가 말했습니다.
덤링은 자신의 음식을 나눠 주었습니다.
남자는 기뻐했어요.
"고맙네." 남자가 말했습니다.
"내가 자네에게 선물을 주겠네."

남자가 덤링에게 말했습니다. "저 나무를 베어 보게."
덤링은 나무를 베었습니다.
그는 나무 안에서 무언가를 발견했어요.

There was a **goose**!

The **goose** was **spe**cial **/** and **beau**tiful.

It had **gold**en **fea**thers.

Dummling **/** was sur**pri**sed.

"**Wow**," **/** he said. **/** "It is a **ma**gic **goose**!"

The **man** said, **/** "It is for **you**."

Dummling **/** **took** the **goose**.

It was **dark**.

Dummling **/** was **ti**red.

So he **walk**ed **/** to a **town**.

There was a **house**.

Dummling **/** **knock**ed on the **door**.

A **wo**man **/** **ca**me to the **door**.

"Hel**lo**, **/** may I **sleep** here to**night**?" **/** **Dum**mling asked.

"**Su**re, you **may**," **/** the **wo**man said.

The **wo**man **/** had **three dau**ghters.

They **saw** the **gold**en **goose**.

The **young**est **/** was **cu**rious.

그것은 거위였습니다!
그 거위는 특별하고 아름다웠습니다.
그리고 황금 깃털을 가지고 있었어요.
덤링은 깜짝 놀랐습니다.

"세상에." 덤링이 말했습니다. "마법의 거위로군요!"
남자가 말했습니다. "자네를 위한 거위라네."
덤링은 거위를 챙겼습니다.

날이 어두워졌어요.
덤링은 피곤했습니다.
그래서 그는 마을로 걸어갔습니다.
집 한 채가 있었습니다.
덤링은 문을 두드렸습니다.

한 여자가 문가로 나왔습니다.
"안녕하세요, 제가 오늘 밤 여기서 묵어도 될까요?" 덤링이 물었습니다.
"물론이죠, 그렇게 하세요." 여자가 말했습니다.
여자에게는 세 명의 딸들이 있었습니다.
딸들은 황금 거위를 보았습니다.
막내딸은 호기심이 들었어요.

It was **mid**night.
The **young**est **/** woke **up**.
She **found** **/** the **gold**en **goose**.
"I **want** a **fea**ther," **/** she said.
She **tri**ed to **ta**ke one.

But **so**mething **/** **hap**pened.
Her **hand** **/** **stuck** to it.
She was **stuck** **/** to the **goose**.

In the **mor**ning, **/** her **sis**ter **ca**me.
She **laugh**ed **/** and **touch**ed her.
Then **/** she was **stuck** too!
Now **/** **two** were **stuck**.

The **eld**est **/** came **next**.
She was **an**gry.
So she **scold**ed her **sis**ters.
She **tri**ed **/** to **pull** them.
But she got **stuck** too.
The **sis**ters were **all** **/** **stuck** to**ge**ther!

People **saw** the sisters **/** and **laugh**ed.
Dummling **/** **wan**ted to **help**.
But the **sis**ters **/** were **stuck** too hard.
So **Dum**mling **/** **walk**ed around the **town** for help.

자정이었습니다.

막내딸은 잠에서 깼습니다.

그녀는 황금 거위를 찾았어요.

"나는 깃털 하나를 원해." 막내딸이 말했습니다.

그녀는 깃털 하나를 가져가려고 했습니다.

하지만 어떤 일이 일어났습니다.

막내딸의 손이 거위에 붙었습니다.

그녀는 거위에 붙고 말았어요.

아침에, 그녀의 언니가 왔습니다.

언니는 웃으면서 동생에게 손을 댔습니다.

그러자 언니도 붙고 말았어요!

이제 두 명이 붙었습니다.

다음으로 맏딸이 왔습니다.

맏딸은 화가 났습니다.

그래서 그녀는 자신의 동생들을 야단쳤어요.

맏딸은 동생들을 당겨 내려고 했습니다.

하지만 그녀도 붙고 말았어요.

자매는 모두 함께 붙었습니다!

사람들이 그들을 보고 웃었어요.

덤링은 돕고 싶었습니다.

하지만 자매는 너무 단단히 붙어 있었어요.

그래서 덤링은 도움을 얻기 위해 마을을 걸어 다녔습니다.

거위와 자매가 그를 뒤따랐어요.

The **goose** / and the **sis**ters / **fol**lowed him.

The **goose** / and the **sis**ters / looked **fun**ny.

The **peo**ple in **town** / **laugh**ed.

A **man** / **touch**ed the **eld**est **sis**ter.

And he was **stuck** too!

A **wo**man / **touch**ed the **man**.

Then / she was **stuck** too!

Soon, / **ma**ny **peo**ple were **stuck**.

Dummling / **reach**ed a **big ci**ty.

There was a **pri**ncess.

She was **very sad**.

So, / she **never laugh**ed.

The **king** was **wor**ried.

He **want**ed her / to be **hap**py.

Dummling / **walk**ed into the **ci**ty.

He had a **long** para**de**.

The **sad pri**ncess / **saw** them.

She **saw** the **goose** / and the **peo**ple.

Then / **so**mething **hap**pened.

The **prin**cess / **start**ed to **laugh**.

She **laugh**ed a **lot**.

She could **not** stop / **laugh**ing.

거위와 자매는 우스워 보였습니다.
마을 사람들은 웃음을 터뜨렸습니다.
한 남자가 맏딸에게 손을 댔습니다.
그리고 그도 붙고 말았어요!
한 여자가 그 남자에게 손을 댔습니다.
그리고 그녀도 붙었지 뭐예요!
머지않아, 많은 사람들이 붙었습니다.

덤링은 커다란 도시에 다다랐습니다.
그곳에는 한 공주가 있었어요.
공주는 매우 슬펐습니다.
그래서, 그녀는 절대 웃지 않았어요.

왕은 걱정이 되었습니다.
왕은 공주가 행복하기를 바랐어요.

덤링은 도시로 걸어 들어갔습니다.
그는 긴 행렬을 이끌고 있었어요.
슬픈 공주가 그들을 보았습니다.
공주는 거위와 사람들을 보았습니다.

그때 어떤 일이 일어났습니다.
공주가 웃기 시작했어요.
공주는 엄청나게 웃었습니다.
그녀는 웃음을 멈출 수 없었어요.

The **king** / **saw** his **dau**ghter.

He was sur**pri**sed.

"**Who** made my **daugh**ter / **laugh**?" / he asked.

He was **smi**ling.

"Your **Ma**jesty, / **look** down **there**," / one **ser**vant said.

"He **ma**de my **daugh**ter / **laugh**.

He can **mar**ry / my **dau**ghter," / the king said.

The **pri**ncess / **li**ked **Dum**mling.

Dummling / **mar**ried the **pri**ncess.

They **lo**ved each **o**ther.

They were **ver**y **hap**py / to**ge**ther.

They had a **big wed**ding.

It was a **hap**py **day**.

Everyone **ce**lebrated.

Dummling / be**ca**me a **pri**nce.

He was a **kind pri**nce.

People / did **not laugh** at him / any**mo**re.

The **goose** / **stay**ed with **Dum**mling.

No one / **touch**ed the **goose**.

34

왕이 자신의 딸을 보았습니다.
그는 깜짝 놀랐어요.
"누가 내 딸을 웃게 했지?" 왕이 물었습니다.
그는 미소를 짓고 있었어요.
"폐하, 저 아래를 보십시오." 한 시종이 말했습니다.
"저 자가 내 딸을 웃게 했구나.
저 자는 내 딸과 결혼할 수 있어." 왕이 말했습니다.

공주는 덤링이 마음에 들었습니다.
덤링은 공주와 결혼했습니다.
그들은 서로 사랑했어요.
그들은 함께해서 매우 행복했습니다.

그들은 성대한 결혼식을 올렸습니다.
그날은 행복한 날이었어요.
모두가 축하했습니다.

덤링은 왕자가 되었습니다.
그는 친절한 왕자였습니다.
사람들은 더 이상 그를 비웃지 않았어요.

거위는 덤링과 함께 머물렀습니다.
아무도 거위에게 손을 대지 않았습니다.

Part 1 ◆ p.8~13

Dummling, laugh at, silly

forest, hungry, share

chop, goose, feathers

knock, sleep, daughters

touch, stuck, laugh

walk, funny, people

sad, princess, surprised

marry, wedding, prince

Summary

goose shared married laugh stuck

Once Dummling _____ his food with a hungry man in the forest. The man gave Dummling a _____ with golden feathers. One night, three sisters touched the goose but got _____ to it. Dummling walked into a city, and many people stuck to the goose, too. This made a sad princess _____ . Dummling and the princess got _____ and Dummling became a prince.

Memo

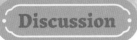

1 ◆ Dummling helped the hungry man in the forest. If you see someone who is hungry or needs help, what could you do for them?

덤링은 숲에서 배고픈 사람을 도왔어요. 만약 여러분이 배가 고프거나 도움이 필요한 사람을 본다면 무엇을 해 줄 수 있을까요?

2 ◆ The youngest sister tried to take a feather from the goose, but in the end, she and her sisters got stuck to the goose. What can happen if we are too greedy? Talk about the time when you were greedy.

막내 여동생은 거위에게서 깃털을 가져가려고 했지만, 결국 언니들과 함께 거위에 붙고 말았어요. 욕심이 지나치면 어떻게 될까요? 여러분이 욕심을 부렸던 때에 대해 말해 보세요.

낭독하는 명작동화 Level 1
The Golden Goose

초판 1쇄 발행 2024년 8월 1일

지은이 새벽달(남수진) 이현석 롱테일 교육 연구소
책임편집 강지희 | **편집** 명채린 홍하늘
디자인 박새롬 | **그림** 백정석
마케팅 두잉글 사업본부

펴낸이 이수영
펴낸곳 롱테일북스
출판등록 제2015-000191호
주소 04033 서울특별시 마포구 양화로 113, 3층(서교동, 순홍빌딩)
전자메일 team@ltinc.net
롱테일북스는 롱테일㈜의 출판 브랜드입니다.

ISBN 979-11-93992-13-5 14740

The Golden Goose

2

새벽달 X 이현석 낭독스쿨

The Golden Goose

1

새벽달 X 이현석 낭독스쿨

The Golden Goose

4

새벽달 X 이현석 낭독스쿨

The Golden Goose

3

새벽달 X 이현석 낭독스쿨

The Golden Goose

6

새벽달 X 이현석 낭독스쿨

The Golden Goose

5

새벽달 X 이현석 낭독스쿨

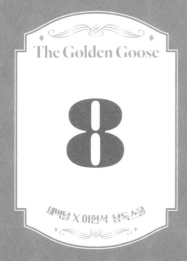

The Golden Goose

8

새벽달 X 이현석 낭독스쿨

The Golden Goose

7

새벽달 X 이현석 낭독스쿨

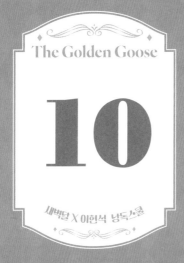

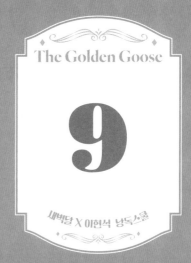

The Golden Goose

14

새벽달 X 이현석 낭독스쿨

The Golden Goose

13

새벽달 X 이현석 낭독스쿨

The Golden Goose

16

새벽달 X 이현석 낭독스쿨

The Golden Goose

15

새벽달 X 이현석 낭독스쿨